Suñ

by
Jade Greene

Edited by
Carol Gaab

Illustrated by
Yashodha Pathirana

Cover photo by
Kevin Greene

ISBN: 978-1-64498-237-2

Fluency Matters, P.O. Box 11624, Chandler, AZ 85248

info@FluencyMatters.com • FluencyMatters.com

A Note to the Reader

Although fictitious, this Comprehension-based™ reader delves into issues and events that are real and relevant in our society. The story contains 270 unique Spanish words and relies on high-frequency words and cognates, making it an ideal read for intermediate language students.

All vocabulary is listed in the glossary at the back of the book. Keep in mind that many verbs are listed in the glossary more than once, as most appear throughout the book in various forms and tenses. (Ex.: I go, he goes, he went, let's go, etc.) Complex language that is more advanced is footnoted within the text, and the meaning is given at the bottom of the page where the expression first occurs.

We suggest that you peruse the glossary before you begin reading to identify words you may already know, as well as new words that you will need to know to understand the story. We hope this story helps you acquire Spanish and compels you to recognize racism and racist microaggressions through a more critical lens and inspires you to take a universal anti-racist stance in your everyday life.

About the author

Jade Greene has taught a variety of levels of Spanish and she is an experienced curriculum author. She holds a Bachelor of Arts in Spanish from Charleston Southern University and a Master of Arts in Teaching Spanish from Rutgers University. She enjoys helping teachers make the transition to teaching with comprehension-based approaches. She is passionate about creating engaging, fun, and comprehensible materials for students as well as connecting with other language teachers to teach and learn about about new strategies and activities.

Índice

Capítulo 1
Atención

Sueño

En mis sueños, paso tiempo con mi papá y con el resto de mi familia.

Todos los días voy a mis clases. Me siento en la mesa. Todos los días sigo[1] la rutina, pero no soy la misma estudiante.

Estoy en mi primera clase y no estoy escuchando. Es difícil enfocarme en la lección. Tengo muchas cosas en mi mente. En este momento, no me importa la geometría. Intento comprenderla, pero me es muy difícil.

La vida ahora es diferente para mí y para mi familia. Mi familia es pequeña. Ahora, mi familia es más pequeña. Un miembro de esta familia no está. Un miembro de la familia no va a regresar a la casa.

Hace un año un hombre mató a mi papá. Ese hombre mató a mi mejor amigo. Ese hombre tenía una pistola y mató a mi papá enfrente de nuestra casa. Lo mató sin razón. Lo mató delante de mí. La escena fue capturada en video y todavía no hay justicia. Todavía no hay justicia para mi papá ni para mi familia.

Por eso, es difícil poner atención. ¿Cómo puedo poner atención? ¿Cómo puedo hacer los problemas de geometría?

[1]sigo - I follow

Yo revivo ese día. Revivo ese día todos los días. Todavía no entiendo qué pasó. ¿Por qué mató a mi papá?

De repente, la clase termina y agarro mi bolsa y mi mochila. Mi segunda clase es mi clase menos favorita. Tengo que ir a la clase de Historia.

Realidad

En realidad es posible que no haya justicia para mi papá.

Capítulo 2
Inteligente

Sueño

En mis sueños, el profesor Woods me respeta, me trata bien y aprecia que soy muy trabajadora. En mis sueños, mi papá está aquí para apoyarme[1].

[1]*para apoyarme - to support me*

Esta clase es mi menos favorita porque el profesor y sus comentarios son terribles. No me gusta escuchar sus comentarios ofensivos.

Mi mamá y mi papá siempre me decían: «las palabras no dañan» e «ignora los comentarios groseros», pero no es la verdad y es difícil ignorar los comentarios groseros. Es difícil para nosotros. Hablo con mi mamá y le digo: «Extraño[2] a mi papá y su apoyo».

No me gusta para nada la clase de Historia. El profesor Woods siempre me trata diferente. Me hace preguntas cuando nos da una lección sobre la esclavitud[3] o sobre una persona negra en la historia. Durante otras lecciones, no me hace preguntas ni me deja responder[4] cuando levanto la mano. Es frustrante.

Un día el profesor Woods me dijo: «Denise, eres una estudiante inteligente. Eres muy inteligente para ser negra».

...para... ser... negra.

[2]*extraño - I miss*
[3]*esclavitud - slavery*
[4]*ni me deja responder - he doesn't even let me reply*

Me sentí confundida cuando caminé a mi mesa. En su opinión fue un cumplido[5]. En mi opinión fue un insulto. Insultó a mi mamá, a Deion, a mis amigos y a todos los estudiantes negros.

[5]cumplido - compliment

No soy inteligente para ser negra.

Soy inteligente.

Revivo este momento todos los días.

Revivo su comentario cuando camino a otras clases.

Revivo el insulto cuando estoy en su clase.

Después del incidente en la clase del profesor Woods, el día pasa rápido. Estoy feliz de que finalmente me puedo ir a mi casa.

Realidad

El profesor Woods piensa que soy un fenómeno. No se da cuenta[6] de que sus comentarios hacen daño[7]. Otra realidad es que mi papá no está para apoyarme.

[6]*no se da cuenta - he doesn't realize*
[7]*hacen daño - they hurt, they are harmful*

Capítulo 3
Sombra

Sueño

En mis sueños, recibo dinero de mi papá. Entro a una tienda y puedo hacer compras en paz. Puedo ir a una tienda sin que una empleada me siga[1].

Tengo una presentación en una de mis clases. Necesito materiales para la presentación en la clase de Inglés. Mi mamá me da el dinero que necesito para comprar los materiales en la tienda de la escuela. Mi mamá tiene que trabajar mucho ahora que mi papá está muerto.

La tienda de la escuela abre a las siete de la mañana y las clases empiezan a las ocho. Llego a las siete y diez a la tienda, y entro para comprar los materiales que necesito. Quiero comprar los materiales rápidamente porque quiero trabajar un poco en la presentación antes de la primera hora.

[1]me siga - follows me

Cuando entro, hago contacto visual con la empleada de la tienda. Yo sonrío. Ella sonríe. Tengo que sonreír y anunciar mi presencia para así no parecer una amenaza[2].

– Buenos días –digo yo cuando hacemos contacto visual.

– Buenos días –responde la empleada con una sonrisa condescendiente.

Camino a la sección donde tienen los marcadores. Veo a la empleada. Me está observando. Está detrás de mí.

– ¿Necesitas ayuda? –me pregunta la empleada.

– No, gracias. Estoy bien. Casi tengo todo lo que necesito –le respondo.

Agarro los marcadores y voy a la sección donde tienen los pósteres. Estoy viendo los diferentes pósteres. No puedo decidir...Pasa un minuto. Otra vez, veo que la empleada está cerca de mí.

No es mi imaginación ni estoy paranoica. La empleada me está siguiendo. ¿Por qué me está siguiendo?

[2]*una amenaza - a threat*

Pienso y observo toda la tienda. Hay otros estudiantes en la tienda. Hay otros estudiantes, pero no hay otros estudiantes negros.

> – ¿Hay un problema? –le pregunto cuando miro en su dirección.

Se sorprende y responde: «No, no hay ningún problema» y camina hacia su estación.

Me siento ofendida por sus acciones.

No soy una amenaza.

Yo no robo. No soy una criminal.

Yo tengo dinero.

Yo soy un cliente como los otros estudiantes.

Agarro el dinero de mi bolsa[3]. Compro los materiales. Pongo los materiales en mi mochila. Salgo de la tienda rápidamente.

Camino a la biblioteca antes de la primera hora.

[3]bolsa - *purse*

Revivo la experiencia cuando camino a la biblioteca.

Revivo mis emociones durante la interacción.

Revivo la presencia de una sombra[4] que no es mía.

Agarro unos materiales de mi mochila y pongo mi bolsa en la mesa. Trabajo en la biblioteca por treinta minutos. Suena el timbre y voy a mi primera clase.

Realidad

La realidad es que mi papá está muerto por el color de su piel y yo soy sospechosa por la misma razón. En los ojos de unas personas, la piel negra es una amenaza. No es justo.

[4]*sombra - shadow*

Capítulo 4
Bonita

Sueño

En mis sueños, cuando me pongo ropa bonita o tengo un nuevo estilo de pelo, mi papá lo nota y me hace cumplidos sinceros y mis compañeros también. Todos mis compañeros de clase son buenas personas. Me aceptan como soy.

Pasan dos clases. Suena el timbre[1]. Preparo mi mochila y agarro mi bolsa para ir a Química. Tengo la clase con Tina, mi mejor amiga. No me gusta la clase, pero me gusta estar en la clase con mi mejor amiga.

Estamos esperando el timbre en nuestras mesas. Hablamos sobre la ropa.

– Denise, me encanta tu ropa hoy. Tu blusa es muy bonita – me dice Tina.

– Gracias, amiga. Es una blusa nueva de una de las tiendas del centro comercial –le digo.

[1]suena el timbre - the bell rings

Jennifer, una compañera, interrumpe nuestra conversación para hablar con nosotras.

> – Me gusta tu blusa y pelo también. Es muy bonito. Me gusta tu nuevo estilo de pelo –me

dice Jennifer e intenta tocarme el pelo.

Me muevo para que no me toque y le digo: «Gracias».

Pienso que su comentario es sincero, pero ella sigue hablando.

– Tienes mucho pelo y es muy largo. ¿Es tuyo? –me pregunta Jennifer.

– ¡Claro que sí! Es mío –le respondo.

Tina y yo hacemos contacto visual. Siento que Tina va a explotar.

Jennifer sigue hablando:

– Denise, Tina y tú son muy bonitas. Especialmente para ser tan negras.

Tina y yo estamos a punto de responder, pero de repente suena el timbre.

Durante la clase, Tina y yo estamos muy distraídas después de la conversación con Jennifer. Nos pasamos notas para hablar de la situación.

Denise

Estoy tan frustrada y enojada. ¡Qué ignorante! ¿Qué significa eso... "para ser tan negras"?

¡Exactamente! Es muy ignorante. Estoy sorprendida porque ella normalmente es muy buena.

Igual yo. Nada me sorprende. Es común escuchar comentarios ignorantes.

Creo que voy a hablar con ella después de clases. No estuvo bien su comentario.

Es buena idea hablar con ella. Jennifer necesita entender su error.

El resto de la clase, yo intento poner atención. Todavía estoy frustrada y enojada… Frustrada porque no tengo a mi papá, porque el color de mi piel me hace una amenaza y porque las chicas como Jennifer son ignorantes e irrespetuosas.

Por fin, el timbre suena y Tina se levanta rápidamente. Ella llama a Jennifer y yo escucho la conversación. Tina le dice:

– Jennifer, ¿tienes un momento para hablar? –le pregunta Tina.

– Sí, claro. ¿Qué pasa? –le responde Jennifer.

– La verdad es que tus comentarios y acciones en la clase fueron ofensivos –le dice Tina.

– ¿Cómo? ¿A cuál comentario o acción te refieres? – le pregunta Jennifer con un tono sincero, pero es obvio por la expresión y sonrisa en su cara que ella no es nada honesta ni sincera.

– Me refiero a tu comentario sobre el pelo y si es real, tu comentario de que somos bonitas para ser negras, y el intento de tocar el pelo de Denise –le responde Tina.

– No entiendo. Es la verdad. Son bonitas y su pelo me da curiosidad –le dice Jennifer.

– Está bien tu curiosidad, pero tocar el pelo de una persona sin su permiso es una invasión de su espacio personal.

– No fue mi intención ofenderte. Lo siento. –le responde Jennifer con un tono sarcástico.

– Decir que una persona es bonita «para ser negra» es un insulto. Una persona es bonita por lo que tiene adentro y no por el color de su piel. Este comentario es ignorante y hace daño –le explica Tina.

– No entiendo el problema con mis comentarios pero gracias por hablar conmigo. –le responde Jennifer con un tono sarcástico.

Después de escuchar su respuesta todavía estoy frustrada.

Revivo sus comentarios en mis otras clases.

Revivo sus comentarios cuando regreso a casa.

Revivo sus comentarios toda la noche.

Realidad

La realidad es que los cumplidos siempre tienen condiciones. No se dan cuenta de que sus comentarios son agresivos y racistas. Los cumplidos de mi papá siempre eran sinceros, pero los cumplidos de unos compañeros tienen condiciones.

Capítulo 5
Acciones que insultan

Sueño

En mis sueños, veo la cara de mi papá y no tengo que ver la cara triste de mi amiga. Nuestro profesor pronuncia su nombre correctamente y la trata con respeto. En mis sueños mis compañeros no dicen cosas horribles durante su presentación.

Hoy es el día. Es el día de las presentaciones para la clase de Inglés. También es el día de mi reunión con la consejera para hablar sobre las diferentes opciones para la universidad.

Tengo clase de Inglés con mis amigas Tina y Marisha. Es la tercera hora y caminamos a clase. Estamos nerviosas por las presentaciones.

Después de dos presentaciones, el profesor Wojciechowski llama a mi amiga:

– *Mary-shay* es tu turno –dice el profesor Wojciechowski. Unos estudiantes se ríen porque el profesor siempre pronuncia su nombre incorrectamente.

– *Mah-ree-shah*, y está bien –le responde mi amiga.

– Lo siento, *Mah-ree-shah*. Es un nombre difícil de pronunciar –le dice el profesor.

Marisha es la tercera persona que presenta. Son presentaciones orales enfrente de la clase. Ella camina al frente de la clase y prepara su póster con imágenes.

Marisha es una buena presentadora. Siempre prepara presentaciones excelentes. Después de la presentación, el profesor Wojciechowski le dice a Marisha:

> – Hablas muy bien durante tus presentaciones. Buen trabajo, *Mary-shy* –Otra vez los estudiantes se ríen.

> – *Mah-ree-shah*, profesor Wojciechowski. Por favor, pronuncie bien mi nombre. *Mah-ree-shah* –le dice con frustración.

> – Uf. Lo siento. *Mah-ree-shah*. Tranquila. Deberías tener un nombre más común como Mary o Mari porque es más fácil para mí. ¿Puedo llamarte *Mari*? –le pregunta a Marisha.

> – ¡NO! No puede llamarme *Mari*. No es mi nombre. Usted se llama profesor Wojciechowski, lo que es súper difícil, y yo lo pronuncio bien, –le responde frustrada.

> – Tranquila. Solo era una idea –le responde el profesor Wojciechowski.

> – Es respeto. Por favor, respete mi nombre como yo respeto su nombre –le dice al profesor Wojciechowski.

Marisha y yo hacemos contacto visual. Ella me sonríe y camina a su mesa.

Es obvio que el profesor Wojciechowski no intenta pronunciar el nombre de Marisha correctamente. Me siento horrible que el profesor pronuncie su nombre incorrectamente todos los días. Siento horrible por mi amiga porque ella vive esta falta de respeto todos los días. Después de su presentación, Marisha se comunicó con Tina y conmigo.

Sueño hecho realidad

Marisha

No entiendo.
Todos los días es
lo mismo con él

Exacto. Es como si lo
hiciera con intención.

Tina

Es respeto. No te respeta. Eres su
estudiante desde agosto. Es
OCTUBRE. Es suficiente tiempo para
saber cómo pronunciar tu nombre,
especialmente cuando él lo dice
todos los días incorrectamente.

Marisha

No me gusta nada esta clase
porque no me siento apreciada
como persona. Mi nombre es
especial para mí y para mi familia.

Amiga, yo lo sé. Lo siento mucho.
Debes hablar con el profesor o con
tu mamá porque esta situación no
está bien.

Tina

Estoy de acuerdo. Es una falta de[1]
respeto y ocurre todos los días.

[1]falta de - lack of

30

Revivo las situaciones incómodas.

Revivo la falta de respeto del profesor Wojcie-chowski.

Revivo la cara triste de mi amiga después de su presentación.

Realidad

La realidad es que esto le pasaba a mi papá y continúa ocurriendo con demasiada frecuencia. Muchos profesores pronuncian incorrectamente los nombres de los estudiantes. Muchas personas les faltan al respeto a otros estudiantes negros y no consideran sus sentimientos[2].

[2]*sentimientos - feelings*

Capítulo 6
La consejera[1]

Sueño

En mis sueños, mi papá, mi consejera y mis profesores reconocen mis talentos y mi inteligencia. Mi papá está muy orgulloso de mí. Las personas en mi vida me apoyan en vez de juzgarme porque yo no represento la imagen de un estudiante típico o aceptable.

Después de la clase de inglés, tengo la clase de Química, pero primero tengo la reunión con la consejera. Mi consejera es la señora Richardson.

Espero en la oficina porque ella todavía no está preparada. Pasan casi cinco minutos y, finalmente, ella abre su puerta. Yo entro a su oficina y pongo mi mochila y bolsa en otra silla.

> – Hola, Denise. Pasa, por favor –me dice la señora Richardson, pero no sonríe. Es como si no quisiera tener la reunión.

> – Siéntate –me dice y ella también se sienta.

[1]consejera - counselor

Empieza a hablar:

– Eres una estudiante de tercer año. ¿Qué planes tienes para después de la graduación? –me pregunta la señora Richardson.

– Tengo muy buenas notas y estudio mucho. Quiero ir a una universidad grande –le digo.

– Ahh, sí… –me dice la señora Richardson y escribe en un papel.

– Sí, tengo planes de ir a la Universidad de Howard o la Universidad de Georgetown –le digo a la señora Richardson.

– ¡Qué interesante, Denise! Deberías considerar las universidades que están en la comunidad; que están aquí en Carolina del Sur. Creo que también son buenas opciones para ti.

Estoy sorprendida porque me está recomendando opciones que no son mejores. Me siento incómoda porque ella no está feliz por mí.

– Estudio mucho y tengo muy buenas notas. Tengo dos opciones buenas. ¿No cree? –le respondo a la señora Richardson.

– Sí, Denise. Claro que son buenas opciones pero, ¿no crees que son demasiado difíciles para ti? Son universidades muy prestigiosas. No sé si eres su tipo de estudiante. Deberías ahorrar[2] tu dinero. Estas universidades cuestan mucho y hay otras opciones para ti. En mi opinión, un colegio universitario[3] es lo mejor para ti –me dice con una cara muy seria.

Veo a la señora Richardson. Estoy sorprendida y no sé qué responder. Ella sigue hablando.

– Estoy pensando en ti, Denise…, el cómo hablas y tu apariencia pueden causarte problemas en una universidad tan prestigiosa –me dice la señora Richardson.

– ¿Como hablo? ¿Y cómo hablo señora Richardson? ¿Qué problemas hay con mi apariencia? – le pregunto con intensidad en la voz.

[2]*ahorrar - save*
[3]*colegio universitario - community college*

– Bueno… a veces hablas como negra. Te escucho en los pasillos a veces con tus amigas. Y… tu apariencia… tu pelo… con esas trenzas[4]. No quieres verte primitiva, ¿verdad? Como si acabaras[5] de llegar de África –me responde la señora Richardson.

Intento calmarme, pero estoy furiosa porque esto es discriminación.

– ¿Qué es hablar como negro? –le pregunto con una voz más intensa.

Hay una pausa incómoda. La señora Richardson ve que no estoy feliz y no me responde.

– No hay nada malo en mi manera de hablar. No tiene nada que ver con mi inteligencia. Y mi pelo, el estilo de mi pelo no es un problema. Son los prejuicios y la discriminación lo que

[4]*trenzas - braids*
[5]*como si acabaras - as if you just*

son un problema. No necesito su apoyo. No me importa su opinión –le digo con confianza.

– Esa manera de hablar no corresponde con los estándares del inglés académico. No es apropiado aquí y no es correcto –me responde la señora Richardson.

Me levanto y salgo de su oficina porque estoy tan furiosa que estoy a punto de llorar.

Mi consejera debería apoyarme, pero ella me dice cosas horribles. Me juzga y no cree en mí. Quiero su apoyo, pero no es necesario. Mis sueños son importantes, no su opinión. Ella es una persona ignorante y prejuiciosa.

Voy al baño porque estoy llorando.

Revivo su desprecio y sus insultos.

Revivo sus comentarios el resto del día.

Revivo los sentimientos de frustración y dolor cuando pienso en la horrible reunión con la consejera.

Realidad

La realidad es que mi papá no está para apoyarme y hay muchos que no apoyan mis sueños. Sus opiniones me ponen triste. No quiero que sus opiniones me importen, pero me importan un poco. Me duelen. Soy buena estudiante y voy a ir a la universidad de Howard o a la de Georgetown.

Capítulo 7
La bolsa

Sueño

En mis sueños, camino con mi hermano y mi papá por la calle y las personas no sienten terror por nuestra presencia. Les sonrío a las personas que veo sin problemas ni tensión.

Después de clases, espero enfrente de la escuela a mi hermano Deion. Todavía estoy un poco frustrada a causa de la reunión con la consejera.

Por fin, llega Deion y no quiero pensar más en la situación. Caminamos en silencio un poco y él sabe que algo no está bien.

– ¿Estás bien, Denise? –me pregunta Deion.

– La verdad, no. Estoy un poco frustrada a causa de la señora Richardson –le digo.

– ¿Qué pasó? –me pregunta.

– No quiero hablar de eso. Hablemos más tarde. Gracias, hermano –le respondo.

Deion y yo caminamos dos minutos más en silencio. Casi no hay sol. De repente, una señora pasa y ve a mi hermano. Agarra su bolsa y cruza la calle.

Mi hermano y yo hacemos contacto visual y veo que mi hermano está un poco frustrado.

– ¿Deion? Está bien. En serio. ¡Qué idiota! Las personas son tan estúpidas –le digo.

– Denise, esto me pasa con demasiada frecuencia. Me pasa cuando estoy solo, con amigos, con mamá. ¿Por qué me tratan así las personas que no me conocen? ¿Qué puedo hacer? –exclama con frustración.

Pienso unos segundos. Me siento mal por él.

– Hermano, hay personas que tienen prejuicios. No eres tú. Son ellos. Ellos tienen un problema. Tú no eres el problema –le explico.

– Pero, ¿qué hago, Denise? No es justo. Es difícil. Me siento mal cuando una persona no me conoce y reacciona mal cuando me ve. Solo porque el color de mi piel es diferente. Es injusto –me dice con tristeza.

Veo su cara y sé que quiere llorar, pero se resiste a llorar enfrente de mí. Sé que en este momento no puedo decir nada para calmarlo.

Caminamos a la casa en silencio. Deion, seguramente, piensa en su interacción incómoda y yo pienso en mi conversación incómoda con la señora Richardson.

Revivo las dos experiencias durante la cena con mamá.

Revivo mi conversación con la consejera.

Revivo la interacción con mi hermano mientras caminábamos.

Revivo las preguntas de mi hermano y los sentimientos de confusión y frustración.

Realidad

La realidad es que mi papá era buena persona. Mi hermano también es buena persona. No es un monstruo ni un criminal ni mi papá tampoco. La realidad es que los prejuicios son un gran problema para las personas negras.

Capítulo 8
Frustración

Sueño

En mis sueños, no tengo que vivir con esta frustración. Ayudo a hacer los cambios necesarios para mi familia y para mis amigos. Mi papá está con la familia y ayuda a hacer los cambios.

Después de cenar, voy a mi dormitorio. Quiero estar sola. Necesito pensar después de los incidentes de hoy. Escribo en mi diario.

Querido diario,

Hoy fue un día muy difícil. Estoy tan frustrada y enojada después de todo lo que ocurrió. No sé qué hacer. No me gusta sentir estas emociones tan negativas.

No quiero vivir esto todos los días. Necesito un cambio. La escuela necesita un cambio. Muchas personas necesitan un cambio. Estoy harta[1] de sentir esta tristeza.

Sé que no soy la única persona con estos sentimientos. Sé que otros estudiantes se sienten igual. Mi hermano se siente igual que yo. Mis amigas Tina y Marisha se sienten igual que yo. Necesitamos una solución.

Denise

[1]estoy harta - I'm fed up

Abro mi computadora después de escribir en mi diario. Estoy decidida a encontrar una solución. Quiero hacer algo. No quiero salir porque quiero llorar. No quiero sentirme mal el resto del día por no defenderme de los comentarios de una persona insignificante en mi vida.

Investigo en internet...

Discriminación en la escuela

Comentarios prejuiciosos en clase

Maneras de inspirar a los estudiantes negros

Organizaciones para estudiantes negros

¿Qué es el activismo?

Activismo de estudiantes negros

Investigo por internet por mucho tiempo. Hay mucha información. Voy a hacer algo. Pienso hablar con mis amigas Tina y Marisha, y con mi hermano para saber sus opiniones. Tenemos que hacer algo. No podemos continuar así.

Realidad

La realidad es que no sé donde empezar y mi papá no está para ayudarme. Sé que no quiero sentirme enojada ni frustrada.

Capítulo 9
Una idea

Sueño

En mis sueños, puedo crear un espacio seguro para mí y para mis amigos en la escuela. Puedo crear un espacio para expresarme y trabajar para hacer cambios.

Empecé mi investigación. Continúo investigando, pero ahora tengo la ayuda de mis amigas y de Deion. Investigamos y hablamos de diferentes opciones.

> – Me gusta la idea de ser más activo en la escuela. –dice Deion.

> – Sí, quiero tener una voz –dice Marisha.

> – Nuestras voces importan –dice Tina.

> – Ustedes tienen razón, pero necesitamos una plataforma. Necesitamos un espacio para expresar nuestras ideas –les digo.

> – ¿Tienes una idea? –me pregunta Marisha.

– Sí, durante dos días yo investigué mucho. Me encanta la idea de crear una Sociedad de Estudiantes Negros en nuestra escuela. –le digo a Marisha.

– ¿Cómo? –me pregunta Deion.

– ¿Qué necesitamos? –pregunta Tina.

Mira la lista que hice. Tiene una descripción de lo que necesitamos.

Sociedad de
Estudiantes Negros

Consejera del club

Permiso del director de
la escuela

Miembros

Oficiales

Un espacio oficial para
tener reuniones

– Creo que conozco a la persona perfecta para ser la consejera de la Sociedad de Estudiantes Negros –le digo al grupo.

– ¿Quién? –me preguntan mis amigos.

– En mi opinión, la profesora Jones, mi profesora de Historia del año pasado, es perfecta para el club –les respondo con emoción.

– Me encanta la idea porque ella es muy inteligente. Sabe mucho de la historia de las personas negras –nos dice Tina.

Bueno…, realmente era difícil encontrar una consejera negra porque hay muy pocos maestros negros en la escuela. No entiendo por qué no hay más maestros negros cuando el 50 % de los estudiantes somos negros.

– Sí, ella es una buena profesora. Tiene buenas relaciones con sus estudiantes. Es negra y entiende nuestras experiencias –nos dice Deion.

– ¡Perfecto! Voy a hablar con ella en la escuela.

Realidad

La realidad es que tengo una idea, pero necesito hablar con la profesora Jones. Prefiero hablar con mi papá, pero él ya no está. Tenemos un plan y es un buen plan. Mi papá estaría orgulloso.

Capítulo 10
Progreso no es suficiente

Sueño

En mis sueños, hay un club o grupo especial donde mis amigos, otros estudiantes y yo podemos hacer cambios, combatir estereotipos y agresiones de otras personas.

Llego temprano a la escuela para hablar con la profesora Jones. Estoy un poco nerviosa pero también emocionada. Toco a la puerta y entro a su sala de clase. Ella sonríe cuando me ve.

– Pasa, Denise –me dice la profesora Jones–. ¿Cómo puedo ayudarte esta mañana?

– Buenos días. Tengo una pregunta para usted, pero primero quiero explicarle el por qué estoy aquí –le digo.

– Está bien. Te escucho –me responde la profesora Jones.

Yo le explico las experiencias de los días recientes y los años en la escuela. Le describo las situaciones incómodas, los comentarios y el cómo me siento a causa de todas esas experiencias. Ella me escucha atentamente.

– Profesora Jones, quiero generar un cambio. Necesitamos cambios en nuestra escuela que ayuden a todos los estudiantes de la escuela. Por eso, quiero pedirle que sea la consejera de una Sociedad de Estudiantes Negros aquí. –le digo.

Sigo hablando:

– Podemos organizar eventos para dar a conocer los problemas y las acciones incorrectas que hay aquí.

– Denise, una organización oficial es mucho trabajo y requiere mucha dedicación –me dice la profesora Jones.

– Entiendo –le respondo–. Esta organización es muy importante para mí y para mis amigos. Queremos trabajar para hacer cambios. No vamos a solucionar todos los problemas, pero es un inicio. Tenemos que hacer algo –le digo con voz seria.

– Acepto, Denise. Me encantaría ser la consejera de esta organización. Estoy de acuerdo que es importante y es un inicio. Apoyo tu idea y tu determinación. Me encantaría ser parte de la organización –me dice la profesora Jones.

– Aquí tengo el formulario para el director. Es el primer paso para formar el club –le digo a la profesora Jones.

¡Estoy tan emocionada! Es un inicio. Vamos a tener la Sociedad de Estudiantes Negros.

Deion, Marisha, Tina y yo somos los primeros miembros de la Sociedad de Estudiantes Negros y empezamos a trabajar. La profesora Jones nos ayuda después de clases.

Hacemos pósteres en las computadoras. Hablamos con varios estudiantes e invitamos a varios estudiantes al club. Ponemos los pósteres en los pasillos y en las salas de clase.

Hay mucho interés en la organización de estudiantes negros. Muchos quieren participar y otros no están seguros. Está bien. Hay resistencia de varios estudiantes. No nos importa la resistencia; estamos decididos. Vamos a tener un impacto positivo.

Estamos haciendo una diferencia en nuestra escuela. Estamos trabajando para mejorar la escuela y nuestras experiencias aquí. Somos estudiantes y también somos activistas.

Realidad

Hay personas ignorantes en la escuela. Las personas necesitan estar conscientes y educados. Necesitamos trabajar para hacer cambios. Esto no es el final; es el inicio de una batalla importante. Estamos en una guerra contra[1] el racismo, la discriminación y los prejuicios. Vamos a trabajar…, vamos a triunfar. Siento mucho que mi papá no esté aquí para verlo, pero yo sé que él estaría muy orgulloso de mí.

[1]*contra - against*

Glosario

A

a - to
abre - s/he opens
abro - I open
(como si) acabaras - (as if) you have just
académico - academic
acción - action
acciones - actions
aceptable - acceptable
aceptan - they accept
acepto - I accept
activismo - activism
activistas - activists
activo - active
(estoy de) acuerdo - I agree
adentro - inside
África - Africa
afro - afro
agarra - s/he grabs
agarro - I grab
agosto - August
agresiones - aggressions
agresivos - aggressive
ahora - now
ahorrar - to save
al - to the
algo - something

amenaza - threat
amiga(s) - friend(s)
amigo(s) - friend(s)
antes - before
anunciar - to announce
año - year
año pasado - last year
años - years
apariencia - appearance
apoyan - they support
apoyarme - to support me
apoyo - support
aprecia - s/he appreciates
apreciada - appreciated
apropiado - appropriate
aquí - here
así - like that
atención - attention
atentamente - carefully; with attention
ayuda - s/he helps
ayudarme - to help me
ayudarte - to help you
ayuden - they help
ayudo - I help

B

baño - bathroom
batalla - battle

biblioteca - library
bien - well
blusa - blouse
bolsa - bag
bonito - pretty
bonita(s) - pretty
buen - good
bueno(s) - good
buena(s) - good

C

calle - street
calmarlo - to calm him
calmarme - to calm me
cambio(s) - change(s)
camina - s/he walks
caminábamos - we walked
caminamos - we walk
caminé - I walked
camino - I walk
capturada - captured
cara - face
casa - house
casi - almost
causa - cause
causarte - to cause you
cena - dinner
cenar - to eat dinner
centro comercial - mall
cerca - near
chicas - girls

cinco - five
claro - of course
clase(s) - class(es)
cliente - client, customer
club - club
colegio - school
color - color
combatir - to combat, fight
comentario(s) - comment(s)
como - like, as
cómo - how
compañera - classmate
compañeros - classmates
comprar - to buy
compras - you buy
comprenderla - to understand her
compro - I buy
computadora(s) - computer(s)
común - common
comunidad - community
con - with
condescendiente - condescending
condiciones - conditions
confianza - confidence
confundida - confused
confusión - confusion
conmigo - with me
conoce - s/he knows

conocen - they know
conocer - to know
conozco - I know
conscientes - conscious
consejera - counselor
consideran - they consider
considerar - to consider
contacto - contact
continúa - s/he continues
continuar - to continue
continúo - I continue
contra - against
conversación - conversation
correctamente - correctly
correcto - correct
corresponde - s/he/it corresponds
cosas - things
crear - to create
cree - s/he believes
crees - you believe
creo - I believe
criminal - criminal
cruza - s/he crosses
cuál - which
cuando - when
cuestan - they cost
cumplido(s) - compliment(s)
curiosidad - curiosity

D

da - s/he gives
(se) da cuenta - s/he realizes
(se) dan cuenta - they realize
dañan - they hurt
daño - pain
dar - to give
de - of; from
debería - s/he should
deberías - you should
debes - you should
decían - they said
decididos - decided
decidir - to decide
decir - to say
dedicación - dedication
defenderme - to defend me
deja - s/he allows
del - of the
de - of
de repente - suddenly
delante - in front
demasiada - too much
demasiado - too much
describo - I describe
descripción - description
desde - since
desprecio - contempt
después - after

determinación - determination

determinada - determined

detrás - behind

día(s) - day(s)

diario - diary

dice - s/he says

dicen - they say

diez - ten

diferencia - difference

diferente(s) - different

difícil(es) - difficult

digo - I say

dijo - s/he said

dinero - money

dirección - direction

director - principal

discriminación - discrimination

distraídas - distracted

dolor - pain

donde - where

dormitorio - bedroom

dos - two

(me) duelen - they hurt me

durante - during

E

e - and

educados - educated

el - the

él - he

ella - she

ellos - they

emoción - emotion

emocionada - excited

emociones - emotions

empecé - I began

empezamos - we begin

empezar - to begin

empieza - s/he begins

empiezan - they begin

empleada - employee

en - in

(me) encanta - (I) love

(me) encantaría - (I) would love

encontrar - to find

enfocarme - to focus myself

enfrente - in front

enojada - angry

entender - to understand

entiende - s/he understands

entiendo - I understand

entro - I enter

era - it was

eran - they were

eres - you were

error - error

es - s/he is

esa - that

esas - those

escena - scene
esclavitud - slavery
escribe - s/he writes
escribir - to write
escribo - I write
escucha - s/he listens
escuchando - listening
escuchar - to listen
escucho - I listen
escuela - school
ese - that
eso - that
espacio - space
especial - special
especialmente - especially
esperando - waiting
espero - I wait
esta - that
está - s/he is
estación - season
estamos - we are
están - they are
estándares - standards
estar - to be
estaría - s/he would be
estas - these
estás - you are
este - this
esté - s/he is
estereotipos - stereotypes
estilo - style

esto - this
estos - those
estoy - I am
estudiante(s) - student
estudio - I study
estúpidas - stupid
estuvo - s/he was
eventos - events
exactamente - exactly
exacto - exact
excelentes - excellent
exclama - s/he exclaims
experiencia(s) - experiences
explica - s/he explains
explicar(le) - to explain (to him/her)
explico - I explain
explotar - to explode
expresar - to express
expresarme - to express myself
expresión - expression
extraño - I miss

F

fácil - easy
falta - lack
faltan - they lack
familia - family
(por) favor - please
favorita - favorite

feliz - happy
fenómeno - phenomenon
(por) fin - finally
final - end
finalmente - finally
formar - to form
formulario - form
frecuencia - frequency
(al) frente - (to the) front
frustración - frustration
frustrado(a) - frustrated
frustrante - frustrating
fue - fue
fueron - they were
furiosa - furious

G

generar - generar
geometría - geometry
gracias - thank you
graduación - graduation
gran - big
grande - large
groseros - rude
grupo - group
guerra - war
(me) gusta - I like

H

hablamos - we talk
hablando - talking

hablar - to talk
hablas - you talk
hablemos - we talk
hablo - I walk
hace - do, make
(me) hace - it makes (me)
hacemos - we make
hacen daño - they hurt
hacer - to make
hacia - toward
haciendo - making
hago - I make
harta - fed up
hay - there is/are
(no) haya - there is no, there will not be
hermano - brother
hice - I did
hiciera - s/he did
historia - history
hola - hello
hombre - man
honesta - honest
hora - hour
horrible(s) - horrible
hoy - today

I

idea(s) - idea
idiota - idiot
ignora - s/he ignores

ignorante(s) - ignorant
ignorar - to ignore
igual - same
imagen - image
imágenes - images
imaginación - imagination
impacto - impact
(nos) importa - it matters (to us)
(me) importan - they matter (to me)
importante(s) - important
importen - they matter
incidente(s) - incident
incómoda(s) - uncomfortable
incorrectamente - incorrectly
incorrectas - incorrect
información - information
inglés - English
inicio - start
injusto - unfair
insignificante - insignificant
inspirar - to inspire
insultan - they insult
insulto(s) - insult(s)
insultó - s/he insulted
inteligencia - intelligence
inteligente - intelligent
intención - intention
intensa - intense

intensidad - intensity
intenta - s/he tries
intento - I try
interacción - interaction
interés - interest
interesante - interesting
internet - internet
interrumpe - s/he interrupts
invasión - invasion
investigación - investigation
investigamos - we investigate
investigando - investigating
investigo - I investigate
investigué - I investigated
invitamos - we invited
ir - to go
irrespetuosas - disrespectful

J

justicia - justice
justo - fair
(me) juzga - s/he judges (me)
juzgarme - to judge me

L

la - the
largo - long
las - the
le - to him/her

lección - lesson
lecciones - lessons
les - to them
(se) levanta - s/he stands up
(me) levanto - I get up
lista - list
llama - s/he calls
llamarme - to call me
llamarte - to call you
llega - s/he arrives
llegar - to arrive
llego - I arrive
llorando - crying
llorar - to cry
lo - it
los - them

M

maestros - teachers
mal - bad
malo - bad
mamá - mom
manera(s) - way(s)
mano - hand
mañana - morning
marcadores - markers
más - more
materiales - materials
mató - s/he killed
me - me
mejor(es) - better

mejorar - to get better
menos - less
mente - mind
mesa(s) - table
mi(s) - my
miembro(s) - member(s)
mientras - while
minuto(s) - minute(s)
mío(a) - mine
mira - look at
miro - I look at
mismo(a) - same
mochila - backpack, book-bag
momento - moment
monstruo - monster
mucho(a) - much, a lot
muchos(as) - many, a lot
muerto - died
muevo - I move
muy - very

N

nada - nothing
natural - natural
necesario(s) - necessary
necesita - s/he needs
necesitamos - we need
necesitan - they need
necesitas - you need
necesito - I need

negativas - negative
negra(s) - Black
negro(s) - Black
nerviosas - nervous
ni - ni
ningún - none, not any
no - no
noche - night
nombre(s) - name(s)
normalmente - normally
nos - we
nosotras - we
nosotros - we
nota - s/he notices
notas - notes; grades
nuestra(s) - our
nuestro - our
nuevo(a) - new

O

o - or
observando - observing
observo - I observe
obvio - obvious
ocho - eight
octubre - October
ocurre - it occurs, happens
ocurriendo - happening
ocurrió - it happened
ofenderte - to offend you
ofendida - offended

ofensivos - offensive
oficial - official
oficiales - officers
oficina - office
ojos - eyes
opciones - options
opinión - opinion
opiniones - opinions
orales - oral
organización - organization
organizaciones - organizations
organizar - to organize
orgulloso - proud
otra - other
otros(as)- other(s)

P

palabras - words
papá - dad
papel - paper
para - for
paranoica - paranoid
parecer - to seem
parte - part
participar - to participate
pasa - it passes
(le) pasaba - happened (to him)
(nos) pasamos - we pass (to each other)

pasan - pass
pasillos - hallways
paso - step
pasó - it happened
pausa - pause
paz - peace
pedirle - to ask him/her
pelo - hair
pensando - thinking
pensar - to think
pequeña - small
perfecto(a) - perfect
permiso - permission
pero - but
persona - person
personal - personal
personas - people
piel - skin
piensa - s/he thinks
pienso - I think
pistola - pistol, gun
plan(es) - plan(s)
plataforma - platform
poco - little
pocos - few
podemos - we can
ponemos - we put
ponen - they put
poner - to put
pongo - I put
por - by; for; because of

por eso - that's why, for that reason
por qué - why
porque - because
posible - possible
positivo - positive
póster(es) - poster(s)
preferiría - I would prefer
prefiero - I prefer
pregunta - question
(me) pregunta - s/he asks (me)
(le) pregunta - s/he asks (him/her)
preguntan - they ask
preguntas - questions
pregunto - I ask
prejuicios - prejudices
prejuiciosa - prejudiced
prejuiciosos - prejudiced
prepara - s/he prepares
preparada - prepared
preparo - I prepare
presencia - presence
presenta - s/he presents
presentación - presentation
presentaciones - presentations
presentadora - presenter
prestigiosa(s) - prestigious
primer - first

primero(s) - first
primitiva - primitive
problema(s) - problem(s)
profesor(a) - teacher
profesores - teachers
progreso - progress
pronuncia - s/he pronounces
pronuncian - they pronounce
pronunciar - to pronounce
pronuncie - s/he pronounce
pronuncio - I pronounce
puede - s/he can
pueden - they can
puedo - I can
puerta - door
(a) punto de - about to

Q

que - that
qué - what
queremos - we want
querido - wanted
quién - who
quiere - s/he wants
quieren - they want
quieres - you want
quiero - I want
química - chemistry
quisiera - s/he wants

R

racismo - racism
racistas - racists
rápidamente - quickly
rápido - fast
razón - reason
reacciona - s/he reacts
real - real
realidad - reality
realmente - really
recibo - I recieve
recientes - recipients
recomendando - recommending
reconocen - they recognize
refieres - you refer
refiero - I refer
regresar - to return
regreso - I return
relaciones - relationships
(de) repente - suddenly
represento - I represent
requiere - s/he requires
resiste - s/he resist
resistencia - resistance
respeta - s/he respects
respete - s/he respects
respeto - I respect
responde - s/he responds
responder - to respond

respondo - I respond
respuesta - answer
resto - rest
reunión - meeting
reuniones - meetings
revivo - I relive
(se) ríen - they laugh
robo - I steal
ropa - clothes
rutina - routine

S

sabe - s/he knows
saber - to know
sala(s) de clase - class-
    room(s)
salgo - I leave
salir - to leave
sarcástico - sarcastic
se - himself, herself, itself,
    each other
sé - I know
sea - be
sección - section
segunda - second
segundos - seconds
seguramente - probably
seguro - sure
seguros - safe
(me) sentí - I felt
sentimientos - feelings

sentir - to feel
sentirme - to feel
señora - ma'am
septiembre - September
ser - to be
serio(a) - serious
si - if
sí - yes
siempre - always
(se) sienta - s/he sits
siéntate - sit down
(se) siente - s/he feels
(se) sienten - they feel
(me) siento - I feel
siete - seven
(me) siga - s/he follows (me)
significa - it means
sigo - I continue, follow
sigue - s/he continues, fol-
    lows
siguiendo - following
silencio - silence
silla - chair
sin - without
sincero(a) - sincere
sinceros - sincere
situación - situation
situaciones - situation
sobre - about
sociedad - society
sol - sun

solo(a) - alone; just, only
solución - solution
solucionar - to solve
sombra - shadow
somos - we are
son - they are
sonreír - to smile
sonríe - s/he smiles
sonrío - I smile
sonrisa - smile
sorprende - s/he surprises
sorprendida - surprised
sospechosa - suspicious
soy - I am
su - his/her
suena - it sounds
sueño(s) - dream(s)
suficiente - sufficient, enough
súper - super
sur - south
sus - his/hers

T

talentos - talents
también - also
tampoco - either
tan - so
tarde - late
te - you
temprano - early

tenemos - we have
tener - to have
tengo - I have
tenía - s/he had
tensión - tension
tercer(a) - third
termina - s/he ends
terribles - terrible
terror - terror
ti - you
tiempo - time
tienda(s) - store
tiene - s/he has
tienen - they have
tienes - you have
timbre - bell
típico - typical
tipo - type
tocar - to touch
tocarme - to touch me
toco - I touch
toda(s) - all
todavía - still
todo(s) - all
tono - tone
toque - s/he touches
trabajadora - hard-working
trabajando - working
trabajar - to work
trabajo - I work
tranquila - calm

trata - s/he tries
tratan - they try
treinta - thirty
triste - sad
tristeza - sadness
triunfar - to triumph
tu(s) - your
tú - you
turno - turn
tuyo - you

U

un(a) - a, an
única - only
universidad - university
universidades - universities
universitario - university
unos(as) - some
usted - you
ustedes - you all

V

va - s/he goes
vamos - we go
varios - various
ve - s/he
veces - times
veo - I see
ver - to see
verdad - truth
verlo - to see it

verte - to see you
vez - time
vida - life
video - video
viendo - seeing
visual - visual
vive - s/he lives
vivir - to live
voces - voices
voy - I go
voz - voice

Y

y - and
ya - already
yo - I